북극성

북극성

펴 낸 날 | 2017년 3월 1일 초판 1쇄
　　　　　2017년 3월 20일 초판 2쇄

지 은 이 | 미셸 옹프레
그 린 이 | 밀렌 파르메르
옮 긴 이 | 이원희
펴 낸 이 | 이태권

책임편집 | 박송이
책임미술 | 양보은

펴 낸 곳 | (주)태일소담
　　　　　서울특별시 성북구 성북로8길 29 (우)02834
　　　　　전화 | 02-745-8566~7　　팩스 | 02-747-3238
　　　　　등록번호 | 1979년 11월 14일 제2-42호
　　　　　e-mail | sodam@dreamsodam.co.kr
　　　　　홈페이지 | www.dreamsodam.co.kr

ISBN　　979-11-6027-010-5 03100

이 도서의 국립중앙도서관 출판예정도서목록(CIP)은 서지정보유통지원시스템 홈페이지
(http://seoji.nl.go.kr)와 국가자료공동목록시스템(http://www.nl.go.kr/kolisnet)에서
이용하실 수 있습니다.(CIP제어번호: CIP2017003249)

• 책값은 뒤표지에 있습니다.
• 잘못된 책은 구입하신 곳에서 교환해드립니다.

L'Etoile Polaire
북극성

미셸 옹프레 지음 | 밀렌 파르메르 그림 | 이원희 옮김

소담출판사

나의 형 알랭과
형의 손자 바질을 위하여

프롤로그

옛날 노르망디 지방의 한 농가에 농사꾼 아버지와 어린 아들이 살고 있었다. 말이 많은 아들과 말이 없는 아버지였다.

아버지는 젊었을 때 말을 부려 농사를 지었다. 아주 큰 말을 앞세우고 몇 시간씩 걸었다. 밭을 갈 때는 말들을 앞으로 몰고, 뒤로 몰고, 멈춰 세우며 밭 끝자락까지 갔다 돌아오길 반복했다.

아버지는 자연을 훤히 알고 있었다. 태양과 달, 변함없이 오고 가는 계절, 밀을 파종하고 추수할 때, 풀 냄새와 건초 냄새, 꽃 피는 봄, 눈 내리는 겨울.

아버지는 밤도 훤히 알고 있었다. 바라볼 줄 알고, 귀 기울일 줄 알고, 들을 줄 아는 이에게 밤이 들려주는 모든 걸 알고 있었다. 떠오르는 달과 기우는 달, 차는 달과 이지러지는 달, 달무리, 흐린 밤하늘, 반짝이는 별들.

어느 날 저녁, 아버지는 아들을 대문 앞으로 데리고 나가 별들을 가리켰다. 아들이 찬찬히 하늘을 바라보고 있을 때 아버지는 하늘에 있는 온갖 별자리를 얘기해주었다. 큰곰자리와 작은곰자리, 작은 별과 북두칠성, 고래자리, 다른 동물들의 별자리들 — 궁수자리와 물고기자리, 토끼자리와 늑대자리, 황소자리와 산양자리, 용자리와 켄타우루스자리, 말머리성운과 고양이눈성운, 백조자리환상성운과 날치자리, 극락조자리와 남쪽의 파리자리 그리고 은하수 속에서 별빛이 만들어내는 수많은 형상들.

그리고 아버지는 북극성을 가리켰다. 제일 먼저 떠서 제일 늦게 지는 별, 북극성. 밤하늘을 가장 먼저 밝히는 별이자 동이 틀 때 마지막으로 지는 별. 늘 같은 자리에서 북쪽을 가리키는 별.

북극성이 있는 곳을 알면 우리가 어디에 있는지 알 수 있다. 따라서 절대로 길을 잃지 않는다. 아버지는 아들에게 북극성 같아야 한다고 말한다. 늘 어김없이 가장 먼저 떠서 가장 늦게 지고, 똑같은 빛으로 반짝이니까.

그리고 아버지는 하늘에서 반짝이는 아름다운 별빛이 아득히 먼 데서 오는 거라고 말한다. 어찌나 먼 곳인지 별빛이 우리에게 이르기까지는 아득히 긴 시간이 필요하다고. 수백만 년 전에 떠나 아주 오랜 시간이 걸려 지금에서야 그 빛만 우리에게 도달한 것이지, 별들은 이미 수백만 년 전에 죽었다고. 거기서는 죽은 별들이 여기서는 아직 살아 있다고.

아들이 아버지에게 물었다. 우리도 여기서 죽으면 거기서는 살아 있을 수 있느냐고.

"어쩌면……." 아버지는 대답했다. "어쩌면……."

어느 날, 아버지는 아들을 데리고 밭에서 일하고 있었다. 아버지와 아들은 감자를 심고 있었다. 아버지가 괭이로 구멍을 파놓으면 아들은 조그만 씨감자를 구멍에 넣었다. 아버지는 구멍을 하나 다시 파고, 구멍을 파느라 퍼낸 흙으로 씨감자 넣은 구멍을 덮고 다음 구멍을 팠다. 그렇게 씨감자는 차례차례 흙 속으로 사라졌다.

　어린 소년은 무거운 바구니를 질질 끌면서 따라갔다. 아버지는 앞서 가면서 구멍을 파고, 흙으로 덮고, 구멍을 파고, 흙으로 덮었다. 씨감자를 한 개 한 개 심으면서.

밭에서는 종달새들이 노래하고 있었다. 종달새들은 아주 높이 날아올라 노래를 부르고 부르고 부르다 숨이 차면 돌멩이처럼 낙하하곤 했다.

같은 하늘에 비행기 한 대가 종달새들 위를 날아가고 있었다. 아버지의 눈처럼 파란 하늘에 비행기가 하얀 자국을 길게 남겼다.

아들이 아버지에게 물었다. 비행기는 어디로 가느냐고. 아버지는 비행기가 어디서 오는지도 몰랐다. 아버지는 만약 언젠가 비행기 조종사가 태워주겠다고 해도 어디로 가고 싶은지 몰랐다.

말이 별로 없고, 바라는 것이 아무것도 없고, 원하는 것이 아무것도 없고, 갖고 싶은 것이 아무것도 없는 아버지는 강하고 자유롭기 때문에 그리고 현재 삶에 만족하기 때문에 다른 삶을 원치 않는다면서 아들에게 대답했다.

"북극으로."

"왜요?" 아들이 물었다.

"그냥……." 아버지는 대답했다.

이윽고 아버지는 아들에게 다시 일이나 하자고 말했다. 아버지는 구멍을 파놓았었다. 아들이 그 작은 구멍에 씨감자를 넣었다. 아버지는 흙으로 메워 구멍을 덮었다. 그리고 아버지는 또 다른 구멍을 팠다…….

세계수

그날 밤, 소년, 꿈을 꾸다…….

소년은 보았다.
침대에 누운 여인을.
여인의 불룩한 배는
곧 태어날 아기를
잉태하고 있었다.

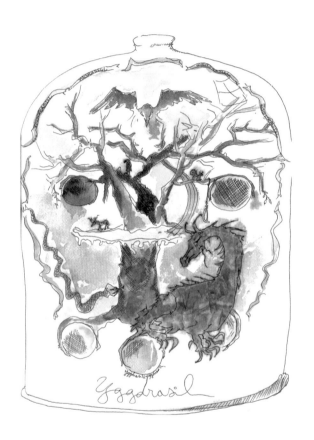

Yggdrasil

여인의 배꼽은 봄이 오면 피어나는 연분홍빛 사과나무 꽃을 닮아 있었다.

작은 연분홍빛 꽃봉오리 속에서 조그만 초록색 점이 나왔다. 식물의 초록색 줄기였다. 이 줄기에서 조그만 잎이 돋아나면서 숲으로 변했다. 숲이 하나의 나무 밑동이 되었다. 밑동이 벌어지며 나뭇가지들을 낳았다. 나뭇가지들이 잎으로 덮였다. 잎이 무성해졌다.

이 나무는 무럭무럭 자라났다. 나무가 여인의 배를 덮어주었다. 나무는 여인이 누워 있는 방을 꽉 채우고 넘쳐났다. 그 일대 전체를 덮었고 그 지역을 넘쳐났다. 온 세상을 덮을 정도로 어마어마하게 큰 나무가 되었다. 그러자 나무는 자라기를 멈췄다.

나무 안에는 아홉 개의 왕국이 있었다. 첫 번째 왕국에는 땅과 달 사이에 무지개가 걸려 있었다. 두 번째 왕국에는 풍요의 신들이 있었다. 세 번째 왕국에는 빛의 엘프들이 있었다. 네 번째 왕국에는 인간들이 있었다. 다섯 번째 왕국에는 거인들이 있었다. 여섯 번째 왕국에는 어둠의 엘프들이 있었다. 일곱 번째 왕국, 얼음 세상에는 병자와 노인들이 있었다. 여덟 번째 왕국에는 불이 있었다. 아홉 번째 왕국에는 죽은 자들이 있었다.

이 나무의 이름을 말해주는 목소리가 들렸다. 위그드라실이라고.

세계수, 위그드라실

이 나무는 뿌리가 세 개였다. 이 뿌리들이 세 개의 세계를 연결하고 있었다. 첫 번째 뿌리는 생명의 샘이 있는 지하 세계로, 이 세계를 지키는 비룡이 나무를 말려 죽이려고 끊임없이 뿌리를 갉아먹고 있었다. 두 번째 뿌리는 지혜의 샘이 있는 인간 세계로, 거인이 샘을 지키고 있었다. 세 번째 뿌리는 운명의 우물이 있는 신들의 세계로, 마녀 셋이 우물을 지키고 있었다.

이 나무는 가지에 여러 동물을 맞아들였다. 독수리, 독수리 두 눈 사이에 자리 잡고 사는 매, 나뭇잎을 먹고 사는 염소, 잔가지를 뜯어 먹는 사슴, 나뭇가지를 타고 돌아다니다 독수리와 첫 번째 뿌리의 비룡 사이를 오가며 싸움을 일으키는 다람쥐.

이 나무에는 다리가 여덟 개 달린 말을 타고 다니는 인간이 있었다. 이 말의 이름은 슬레이프니르였다.

인간은 이 나무에서 아홉 날을 머물다 창에 찔렸다. 이 인간은 죽은 자들의 신이자 영광의 신이며 지식과 마법, 예언의 신이고, 전쟁과 사냥의 신이었다.

이 신은 돌의 힘을 읽을 수 있었다. 신은 돌에게 말하고, 돌은 신에게 말했다. 돌들은 달의 돌이나 태양의 돌이 될 수 있었다.

나무가 부르르 떨기 시작했다. 거대했던 나무가 아주 작아졌다. 나무가 오그라들었다. 동물들이 도망쳤다. 나뭇가지들이 밑동 속으로 들어갔고, 밑동은 줄기가 되고, 줄기는 여인의 배꼽 속으로 들어가 다시 사과나무의 연분홍빛 꽃봉오리가 되었다.

여인이 아주 깊이 숨을 들이쉬었다. 그리고 아주 길게 숨을 내쉬었다. 아기가 세상에 나왔다. 태양의 돌을 목에 걸고. 아기는 오래, 아주 오래 살았다.

천 년 동안, 태양의 돌을 목에 걸고 있었다.

남쪽에서 온 한 늙은 현자가 그에게 그 돌의 힘을 알려주었다. 돌은 빛을 사랑해서 태양빛을 흡수한다고. 이 돌을 통해서 보면 태양이 없을 때도 태양이 보인다고. 돌은 북극성 같다고. 이 돌이 북쪽을 가리키기 때문이라고. 돌을 지니고 있으면 절대로 길을 잃지 않는다고.

하늘은 구름으로 덮여 있을 때도, 구름이 없을 때도, 구름이 낮게 깔려 있을 때도, 별이 없을 때도 있다. 거무스름할 때도 있다. 돌은 태양이 없을 때도 태양을 볼 수 있게 해준다.

북극성이 세상 저편에서 반짝일 때, 북극성이 보이지 않을 때도 돌은 북극성을 볼 수 있게 해준다.

빛은 죽은 자들이 우리를 내려다보는 하늘에서 떨어진다. 빛은 품고 있다. 죽은 자들이 건네는 무언의 말을. 돌은 들을 수 있게 해준다. 이제는 육신 없는 죽은 자들이 건네는 그 침묵의 목소리를.

돌은 북극성이 없을 때 북극성을 이야기한다.

Pierre de feu

Pierre de feu

Pierre de Lune

고래자리

어느 날, 때가 되었다. 아이는 어른이 되어 자신을 천 년 동안 기다린 배를 타고 바다로 나간다. 천 년 동안 잠들었다 깨어난 사공 스무 명이 그를 기다리고 있었다. 사공들이 스넥카를 바다에 띄웠다.

스넥카의 이물에는 뱀 머리가 조각되어 있었다. 뱃머리가 도끼처럼 물을 갈랐다. 이물이 물기둥 속으로 휩쓸려 들어갔다.

도사공과 사공 스무 명을 실은 스넥카는 고래자리를 향해 나아간다.

도사공은 아버지에게서 배웠다. 하늘은 별로 가득 차 있다는 걸. 별들은 수십억 년 전부터 반짝이고 있다는 걸. 그 빛이 어찌나 아득히 먼 데서 오는지 거기서는 이미 죽은 별들이 여기서는 아직 반짝이고 있다는 걸. 별들이 빛나고, 반짝이고, 탁탁 튀고, 타오르고, 깜박이고, 눈부시게 빛나고, 이글거리고 있었다.

이 모든 별들이 육신 없는 죽은 자들의 언어로 말하고 있었다.

도사공은 은하수 안에 사는 동물들을 알아봤다.

처음에는 육상 동물들 — 토끼, 늑대, 스라소니, 뱀, 기린, 곰, 말, 고양이, 도마뱀, 개, 카멜레온.

그다음은 천상 동물들 — 독수리, 파리, 큰부리새, 극락조, 부엉이, 두루미, 백조, 까마귀, 비둘기, 야생 오리.

그리고 수상 동물들 — 날치, 돌고래, 만새기, 게.

황도대의 동물들 — 사수, 전갈, 염소, 황소, 사자, 물고기, 양.

전설 속 동물들 — 유니콘, 히드라, 드래곤, 켄타우루스, 트리톤.

따라서 하늘에는 육상 동물, 천상 동물, 수상 동물, 황도대의 동물, 전설 속 동물들이 살고 있다.

그리고 고래도 살고 있다.

Constellation de la baleine constellation de

도사공은 고래자리를 향해 신중하게 노를 저었다. 스넥카는 말머리성운, 고양이눈성운, 백조자리환상성운 밑을 지나 고래자리를 향해 나아가고 있었다.

　고래자리는 개의 머리에 삼지창 꼬리가 달린 괴물이다. 머리는 별들이 원형을 이루고 있다. 별들이 반짝인다. 한 개는 고래의 턱에서, 가장 빛나는 또 하나의 별은 고래의 꼬리에서, 세 번째 별은 고래의 머리에서, 네 번째 별은 고래의 배에서 반짝이고 있다. 가장 가까이에서 빛나는 다섯 번째 별이 가장 붉다.

몇 달 동안, 도사공은 태양의 돌을 들고 맨눈으로 항해했다. 하얀 빛이 방향을 가리켜주었다. 사공들은 노를 저었다.

몇 달 동안, 큰 파도가 여러 번 갑판을 덮쳤다. 시커멓고 차가운 물, 짜고 뜨거운 물. 그 파도가 노 젓는 사공들의 살갗을 무두질했다. 도사공의 살갗을 무두질했다.

몇 달 동안, 달 없는 밤, 달빛 가득한 밤, 안개 없는 낮, 햇빛 가득한 낮, 별 없는 밤, 별빛 가득한 밤이 있었다.

그리하여 이윽고 고래자리 안으로 들어갈 때가 왔다.

스넥카가 고래자리 안으로 들어간다. 별로 이뤄진 고래의 거대한 아가리가 벌어졌고, 도사공과 사공 스무 명을 실은 배가 통째로 별자리 안으로 들어갔다. 빛을 향해 미끄러지듯 천천히 들어갔다.

스넥카의 뱀 머리가 제일 먼저 들어가고, 이물에 이어 마침내 고물이 들어간다. 배 전체가 소용돌이 속으로 휩쓸려 들어가고 물결 자국이 사그라진다. 스넥카는 고래 배 속을 항해한다. 태양의 돌이 길을 가리켜주었다.

고래의 배 속에 수많은 고래가 우글거린다. 고래 수백 마리가 미끄러지고 물결치고 숨을 내쉰다. 고래들이 아이 목소리로, 여자 목소리로 동물의 노래를 부른다. 벌린 아가리에서 수증기가 나온다. 고래 머리 위로 커다란 물기둥이 치솟는다. 고래들의 노래는 마치 길게 이어지는 인간들의 중얼거림 같다.

　시커먼 물에 많은 얼음덩이가 떠다닌다. 스넥카는 조용히 나아간다. 사공들이 박자를 맞춰 조용히 노를 젓는다.

　고래의 배 속에서 낮이 지나 밤이 오고, 계절이 바뀌고, 해와 달이 뜨고 진다.

고래의 배 속에는 아주 커다랗고 매서운 새, 물수리 한 마리도 있다. 물수리는 자기장 감지 능력을 이용해 철새 길을 따라 이동한다. 수백만 년 전부터 그래왔다. 엄청나게 빠른 속도로 비행하며 울음소리로 마법을 걸고, 늑대처럼 포효한다. 물수리가 울어대는 노래는 죽은 자들의 노래다. 낮에는 절대로 보이지 않는다. 밤에만 날기 때문이다. 무시무시한 노래로 인간들에게 마법을 걸어 늘 더 북쪽으로 인도한다. 물수리가 노래하면 공간이 움푹 파이다가 속이 비어진다. 물수리가 노래하면 하늘이 시커메지다가 무력해진다. 물수리가 노래하면 침묵이 흐르다가 침묵이 메아리친다.

고래 사냥

고래의 배 속에 벼랑이 있고, 이 벼랑 위에 고래 사냥꾼들이 있다. 석 달 동안, 고래 사냥을 한다. 그들에게 사냥은 일종의 혼례식 같은 것이다. 남자와 여자가 결합하는 것처럼 사냥꾼들은 고래와 결합하고 싶어 한다.

고래의 배 속에 고래기름 램프의 불꽃을 훑는 젊은 여자가 있다. 그녀는 왼손에 장갑을 끼고 있다. 그녀는 바다표범 가죽으로 만든 모자를 쓰고 있다. 사냥 도구들에서 불순물을 긁어 내고 있다.

남자 여덟 명이 배에 올랐다. 이들에게서 풍기는 독한 냄새가 고래들의 주의를 끈다. 두 달 동안, 이들은 씻지도 않고 마시고 노래하고 춤을 춘다. 이들은 가죽을 무두질하고, 북통에 댄 가죽에 동물을 그렸다. 동물들이 죽으면서 남긴 가죽은 무두질되었고, 이 가죽에 그려진 동물들은 북의 노래 속에 살아남는다. 이렇게 북소리는 죽은 동물들의 말이 되어 살아남는다. 축제가 끝나자 이들이 동물 그림을 지운다. 그리하여 남자들은 힘과 자유를 되찾는다.

마법의 그림으로 꾸민 노들은 고래의 배 속에 있는 시커먼 물의 언어를 이해한다.

노에 있는 그림과 똑같은 문신이 여인들의 몸에도 새겨져 있다.

남자들은 바다코끼리 가죽으로 만든 배의 이물에 나비 모양으로 조각된 상아 작살을 묶고 고래 사냥을 나간다.

출발하기 전, 남자들이 개를 재물로 삼아 머리에서 꼬리까지 단번에 가른다.

여자들은 멀리 떨어져 있다. 남자들 손에 맡겨놓았다.

고래를 유혹하기 위해 남자들이 말을 건넨다. 두려워할 필요 없다고, 인간 형제들이 잘 맞아줄 거라고.

남자들이 신성한 경로를 바라본다. 그리고 태양의 위치를 보고 태양 극점을 알아낸다. 배를 물에 띄운다. 그들은 물길을 따라 미끄러지고, 철새 길로 이동하는 물수리를 따라 항해한다. 남자들이 고래 사냥을 하러 떠난다.

고래 산책로

스넥카는 또 하나의 벼랑 앞을 지나간다. 도사공과 사공 스무 명은 고래 뼈로 만든 거대한 묘비를 발견한다. 뒤집힌 수많은 회색 머리뼈들, 얼어붙은 흙 속에 파묻힌 머리, 하늘을 향해 있는 뒷머리. 하늘로 향한 아래턱들이 동에서 서로 박은 말뚝처럼 수직으로 줄지어 있었다. 추위와 결빙, 해와 달이 고래의 뼈들을 하얗게 만들어놓았다. 묘비는, 수직으로는 우주를 향해 있고, 수평으로는 뜨고 지는 태양의 운행을 따른다. 늘어선 기둥 백 개의 길이는 스넥카의 길이보다 백배로 길었다. 기둥 세 쌍이 아치를 만든다. 살덩이를 묻은 백 개의 구덩이가 파헤쳐져 있었다.

사공들은 멀찍이 떨어진 거대한 연회장에서 고래 고기를 먹는다. 지느러미, 입술, 껍질, 지방, 살을 날것으로 먹는다. 사공들의 입가는 고래의 신선한 피가 묻어 빨갛다.

도사공은 고래의 살을 먹지 않는다. 항해하려면 고래에게 도움을 청해야 하기 때문이다. 도사공과 마찬가지로 고래는 바다를 사랑한다. 도사공은 고래의 언어로 말한다. 고래가 대답한다. 태양의 돌 역할을 대신하겠다고.

고래는 꼬리를 사용해 크게 움직인다. 고래는 바다에 엄청난 파도를 조각한다. 스넥카가 속도를 낸다. 스넥카는 파도를 타고 들어가 다음 파도의 물마루에서 내동댕이쳐진다. 스넥카는 고래의 배 밖으로 미끄러져나간다. 눈부신 빛 속에서 스넥카는 고래의 등에 실려 난바다에 나와 있다.

아메리카 대륙 발견

도사공은 다시 항해를 시작한다. 스넥카는 힘차게 나아간다. 사공들은 박자를 맞춰 노를 젓는다. 그들은 몇 날 며칠 항해한다. 흐린 밤과 낮은 하늘, 두껍게 깔린 구름과 숨어 있는 달, 맑은 밤과 갠 하늘, 구름 한 점 없는 투명한 하늘. 고요한 바다와 폭풍우 치는 날들, 바다가 성난 날들, 바다가 매우 잔잔한 날들, 파도가 거칠게 몰아치는 날들.

몇 주 동안, 고래들이 스넥카와 동행했다. 고래들도 별들과 태양, 달을 보며 유영했다. 고래들이 어둠 속에서 길을 찾아가는 데는 약간의 빛이면 충분하다. 시커먼 물속에서도 고래들은 아주 작은 빛줄기를 볼 수 있다. 몸이 우주의 뜻을 따르는 것, 이것이 바로 고래들이 자유로운 이유다.

어느 날이었다. 도사공은 옛날에 육지에서 바다를 봤던 것처럼 바다에서 육지를 보았다. 육지는 바다 저편에 있었다. 스넥카는 바다 너머, 미지의 땅에 접근한다. 바다가 잔잔해지고, 북쪽을 가리키는 태양의 돌 덕분에 새 국경을 향해 미끄러져갈 수 있다.

그리하여 어느 날엔가 세계수 위그드라실의 그림자에 덮여 있던 육지가 도사공과 사공들에 의해 발견되었다. 그래서 도사공은 숲과 포도나무, 납작한 돌과 추위의 땅에 발을 내디뎠다. 차디찬 바람이 쓸고 간, 알려지지 않은 북극의 한 곳이었다.

바다 생활 몇 년에 지칠 대로 지친 사공들은 스넥카에서 내린다. 다리가 후들거린다. 아주 오랫동안 파도의 움직임이 그들의 몸에 자리 잡고 있었다.

사공들은 불을 피우고 일 년 내내 잔다. 그들은 다음 태양극점이 돌아올 때 잠에서 깬다.

멀리 떨어지지 않은 곳에서 피부가 붉은 남자들이 꼼짝도 않고 사공들을 쳐다보고 있었다. 사공들이 잠들어 있는 일 년 내내. 피부가 붉은 남자들은 귀 기울여 사공들의 꿈을 들었다. 그들은 바람의 입으로 꿈을 읽기 때문이다. 사공들의 꿈속에는 위협이나 전쟁을 일으키려는 욕망, 죽이고 싶은 마음이라곤 없었다.

피부가 붉은 남자들이 먹을 것을 가져왔다. 그들은 빵과 물, 고기와 소금을 나눠준다. 그리고 여자도. 사공들은 한데 어우러져 아이들을 낳았다.

　그들은 배들을 뒤집어 잘린 나무 밑동 위에 올려놨다. 땅은 적셔놓았고, 나무 밑동들 사이에 짚과 마른 풀, 흙을 섞은 벽토를 채우고 매끄럽게 발랐다. 그들은 그렇게 집을 지었다.

　그들은 함께 야생 짐승을 사냥했고, 가죽을 벗겨 무두질했고, 털옷을 지었고, 바다코끼리의 상아를 잘랐고, 철을 망치로 두드렸고, 동을 녹였고, 천을 짰고, 천에 물을 들였고, 뼈를 조각했고, 돌을 녹였고, 흙으로 구운 거푸집에 못을 녹여 부어 금속을 만들었다.

고향으로 돌아가다

오랜 세월이 흘렀다. 노인이 된 도사공은 조상들의 땅에서 죽고 싶었다. 늙고 지친 도사공은 어느 날, 홀로 다시 길을 떠난다. 태양의 돌을 목에 걸고.

피부가 붉은 친구들이 노인을 도와 스넥카를 바다에 띄웠다. 육지에서 바다를 바라보던 배가 이번에는 바다에서 육지를 바라보고 있었다.

스넥카가 기슭에서 멀리, 사람들에게서 멀리, 두 육지 사이 난바다에 이르렀을 때 고래들이 돌아와 배를 맞아주었다. 고래들은 변함이 없었다. 노인은 고래의 언어로 말했고, 고래들은 노인을 고향으로 데려다주기로 했다. 고래들은 교대로 스넥카를 등에 태웠다.

노인은 잠이 들었다. 고래들은 교대하며 몸을 살살 흔들었다. 물결치듯 흔들었다. 고래들이 난바다에서 길을 열고 있었다.

노인은 다시 고래자리로 들어갔다. 그리고 다시 고래자리에서 나왔다.

어느 날, 스넥카의 뱀 머리는 노인의 고향 땅을 보았다. 영혼들이 노인을 기다리고 있었다. 이제는 세상에 없는 죽은 자들이 눈에 보이지는 않지만 제방 위에서 기다리고 있었다.

그래서 노인은 죽음이 다가왔음을 알았다.

노인은 하늘을 쳐다보다 구름이 낮게 드리운 밤하늘, 그동안 내내 북쪽을 가리켜주던 태양의 돌을 회상한다.

노인은 눈을 감고 미소를 지었다.

그리고 마지막 숨을 거두었다.

불살라지는 스넥카

늙은 도사공의 물질적 영혼이 공기 속으로 흩어진다. 영혼은 안개와 꿈이 되고, 수증기와 그윽한 향기가 된다. 한 줄기 물 같은 순수한 영혼이 손가락 사이로 빠져나가는 모래처럼 흘러 에테르와 결합한다.

영혼을 기다리는 이들이 육신을 나무 상자에 넣었다. 과일과 술, 류트와 함께. 그리고 전부 다 흙으로 덮는다.

그사이 여자들은 수의를 준비한다. 귀한 실로 짓고 금실과 은실로 수를 놓는다.

무덤에서 멀지 않은 데서 불이 타오르고 있다.

노인의 친구들이 묻는다. 고인과 함께 죽고 싶은 사람이 있느냐고. 한 여자 노예가 자청한다. 여자들이 그녀를 씻기고 곱게 꾸미고 귀한 옷을 입힌다.

마을의 청년들은 노인들과 아이들이 지켜보는 가운데 스넥카를 바다에서 끌어올린다.

어디선가 불쑥 나타난 노파가 스넥카에 뛰어오른다. 죽음의 천사다. 죽음의 천사는 긴 나무 의자에 오리엔트 양탄자를 깔고 비잔틴 방석들을 놓는다.

죽은 노인의 모습이 드러났다. 아름다운 차림으로 누운 채. 태어나지 못하고 죽은 아기 양의 가죽으로 지은 부츠, 자주색으로 물들인 모직에 금단추를 단 망토, 검은담비 털로 테두리를 접어 감친 모자.

전사들이 공물을 바친다. 과일, 안젤리카와 아니스와 회향, 빵, 고기, 양파.

무기들도 있다.

성대한 제물 의식이 거행된다. 개 한 마리와 경주에 지친 말 두 마리의 배를 갈랐다. 암소 두 마리, 수탉 한 마리, 암탉 한 마리도 갈랐다. 피가 철철 흐르는 이 살덩어리들이 모두 스넥카 위로 던져졌다.

주인님과 함께 죽으려는 여자 노예는 공경을 받으며 깨끗이 씻기고 향수가 뿌려지고 찬양받는다. 이 노예가 닭의 머리를 잘라 그 토막들을 스넥카에 던진다.

멀지 않은 데에서 불이 계속 타오르고 있다.

전사들이 여자 노예를 스넥카로 인도한다. 여자는 손목에서 팔찌를, 발목에서 쇠사슬을 푼다. 자기를 죽이려는 거인의 딸들에게 주기 위해서다. 여자는 술 한 잔을 마신다. 여자는 노래한다. 그리고 친구들 모두에게 작별을 고한다.

여자는 주인님이 영면해 있는 천막 안으로 들어간다. 여자는 죽을 것이다. 목이 졸릴 것이다. 여자의 죽음이 내는 소리를 덮기 위해 전사들은 나무 몽둥이로 방패를 두드린다. 두 남자가 여자의 목에 밧줄을 걸고 세게 잡아당긴다. 전사들은 방패를 더 세게 두드린다. 죽음의 천사가 여자의 가슴에 칼을 꽂는다. 여자가 죽는다.

죽은 노인의 가장 가까운 친척이 훨훨 타오르는 불에 다가간다. 그는 스넥카에 불을 붙였고, 불붙은 배에 여자의 시신을 올린다. 배가 불타오른다.

조심스럽게, 전사들이 스넥카를 바다로 밀어낸다. 배는 이제 불살라지기 위해 태양을 향해 항해하는 불덩어리에 불과하다.

에필로그

아침, 꿈을 꾸던 소년, 잠에서 깨어나다.

le ciel est couvert
le ciel est couvert
le ciel est couvert

잠에서 깼을 때, 소년은 침대 시트의 주름 사이에서 태양의 돌을 발견했다. 이유를 알 수 없었다. 하시만 태양의 돌은 소년의 호주머니를 떠난 적이 없었다.

그렇게 소년은 여러 해를 살았다, 태양의 돌을 호주머니에 넣은 채.

날이 가고, 해가 가는 사이 소년의 아버지는 노인이 되었다. 아들은 늙은 아버지를 아버지의 집까지 바래다주곤 했다. 그림자도 지지 않는 어느 밤, 늙은 아버지는 마을 광장에서 걸음을 멈췄다. 교회 바로 앞, 거의 종탑 바로 밑이었다. 구름 낀 밤이었다. 별들은 보이지 않았다.
아들은 아버지에게 말했다.
"오늘 밤은 우리의 북극성을 보지 못할 거예요."
아버지가 대답했다.
"그러게, 오늘 밤은 하늘이 흐리구나……."

이 마지막 말을 남기고 아버지는 선 채로 죽었다. 달도 별도 없는 하늘 아래에서.

　선 채로 죽은 아버지는 어두운 밤하늘 아래 벼락 맞은 떡갈나무처럼 서 있었다. 죽었는데도 아버지는 눈을 뜬 채로 여전히 서 있었다. 아버지의 파란 눈이 바라보고 있었다. 이제부터 그에게는 비어 있는 세상을.

　아들은 아버지를 땅바닥에 눕히고 눈을 감겼다.

　아들은 호주머니를 뒤져 태양의 돌을 꺼냈다.

　아들은 아버지의 평온한 얼굴을 바라봤다. 미소 짓는 것 같았다…….

　늙은 아버지의 물질적 영혼이 공기 속으로 흩어졌다. 영혼은 안개와 꿈이 되고, 수증기와 그윽한 향기가 되었다. 한 줄기 물 같은 순수한 영혼이 손가락 사이로 빠져나가는 모래처럼 흘러 에테르와 결합했다.

　아들은 아버지의 영혼이 에테르 속으로 사라지는 걸 보았다. 언젠가 그가 아버지를 만나러 갈 에테르 속으로.

fiN

끝

우선 『북극성』은 철학자의 글에 가수가 삽화를 그려 넣은, 예상치 못한 조합으로 화제를 모은 작품이다. 이 만남은 어떻게 이뤄졌을까? 좌파 논객으로 유명한 철학자 미셸 옹프레는 아주 흥미로운 현대시를 노래로 전하는 밀렌 파르메르의 열렬한 팬을 자처했고, 밀렌 파르메르는 미셸 옹프레의 자유로운 정신과 세상에 대한 호기심, 유머를 사랑한다고 존경을 표한 것으로 전해진다. 뜻밖의 조합이었음에도 밀렌 파르메르의 아련한 수채화들이 작품 전체를 아우르며 좋은 결과를 낸 것은 틀림없다.

『북극성』은 북극으로 떠나고 싶은 소망밖에 없는 농사꾼 아버지와 아들이 감자를 심는 장면으로 시작해, 아들이 보는 앞에서 벼락 맞은 떡갈나무처럼 서서 눈을 감는 아버지로 끝이 난다. 시작과 끝을 이어 주는 것이 바로 소년의 꿈속에 나타나는 거대한 물푸레나무 위그드라실이다. 아홉 개의 왕국으로 이뤄진 위그드라실은 북유럽 신화에서 세계의 이미지, 즉 세계상이자 우주의 중심축으로서 하늘과 땅과 물을 아우르는 존재인 셈이고 우주의 기원과 만물의 탄생을 상징한다. 그리고 다리가 여덟 개 달린 말 슬레이프니르, 태양의 돌, 바이킹 군함 스넥카에 올라 고래자리를 향해 떠나는 소년, 스넥카를 집어삼키는 거대한 고래의 등장…… 이 또한 북유럽 문화의 요소들이다. 여기에 죽음에 대한 성찰, 흐르는 시간 그리고 먼 곳으로 떠나는 여행, 다시 고향 땅으로의 귀환으로 삶과 죽음의 순환을 이야기한다.

소년은 꿈에서 깨어나고, 노인이 된 아버지는 마을의 교회 앞에 서서 눈을 뜬 채로 죽음을 맞는다. 서서 죽은 아버지의 이미지는 나무를 상징하며, 소년에게 아버지라는 존재는 나의 뿌리이자 곧 세계인 셈이다. 나무가 등장하는 이유가 여기에 있다. 나무는 수직적인 중심으로서 하늘과 땅, 인간과 신을 연결하고, 수평적인 중심으로서는 대지의 풍요와 생명을 만들어내는 근원을 상징한다. 이렇듯 나무는 단순히 한 생명체로서의 식물을 넘어 영성을 지닌 존재로까지 승화된다.

미셸 옹프레는 이 책에서 무엇을 전하고 싶었을까? 자신이 어렸을 때 읽고 싶었을 동화를 쓰려고 했을까? 사실 이 '철학 동화'의 메시지는 모호하다. 고통스럽고 혼란스러운 무의식 세계를 여행하는 듯한 느낌마저 든다. 따라서 읽는 사람에 따라 여러 가지 주제를 느낄 수 있을 것이고, 내용에 대한 해석도 각자 선명하게 다를 것이다. 어쩌면 있는 그대로를 느끼라는 것이 이 책이 주는 메시지일지도 모르겠다.

끝으로 『북극성』의 시작과 끝이 작가 자신과 아버지를 꼭 닮아 있기에 미셸 옹프레의 인터뷰 기사를 전한다. 책이 출간되고 한 달 후, 옹프레는 농사꾼이던 아버지가 2009년 사망했다고 털어놓았다.

"내 아버지는 소망도 원망도 없는 사람이었지요. 아버지날에 무슨 선물을 할까 생각했어요. 내 아버지 가스통 옹프레는 세상에서 가장 부자였습니다. 부자는 바라는 것이 없잖아요. 세상을 가지면 더는 갖고 싶은 게 없죠. 바라는 것도 거의 없고요. 계절의 리듬에 따라 밭에서 일했던 아버지는 오랫동안 북극 여행을 꿈꾸었어요. 아버지의 팔순 생일에 아들이 선물한 것은 모험이었습니다."

그리고 아버지가 세상을 떠날까 봐 늘 두려웠다고 덧붙였다.

"연세가 많았으니까요. 하지만 아버지는 마지막 숨을 거두는 순간까지 정신을 놓지 않았어요. 아버지가 주신 선물이죠."

2009년 11월 자정이 조금 지난 시간이었다. 작가와 아버지는 그들의 집 사이에 위치한 교회 앞 광장에 있었다.

"아버지는 돌아가시면서 내 품에 안겼어요. '오늘 밤은 하늘이 흐리구나.' 이것이 아버지의 마지막 말이었어요. 나는 아버지를 안아서 땅에 눕혔지요. 아버지는 그 아름다운 파란 눈으로 그날 밤은 북극성이 보이지 않는 하늘을 바라보고 있었어요. 나는 영혼의 비물질성을 믿지 않아요. 하지만 갑자기 무서운 힘을 물려받은 걸 느꼈습니다. 마치 아버지가 내게 생명을 준 것 같고, 마치 무언가를 내게 전해준 것 같았습니다. 내가 받은 것이 뭘까 생각했어요. '아들아, 이제부터는 이것이 너를 권리가 아니라 의무가 있는 사람으로 만들어줄 거다.'"

그의 어린 시절은 순탄하지 않았다. '말이 없는 아버지'는 아들에게 사랑을 표현하거나 아들에 대한 자랑스러운 마음을 보여준 적이 없었다.

"나는 아버지가 감정을 표현하지 않는 것은 감정이 없기 때문이라고 생각했어요. 그래서 열 살 때는 내 어머니의 행동보다 아버지의 침묵을 더 이해하지 못했지요. 가사도우미를 하던 내 어머니는 아들을 고아원

앞에 버렸어요. 무엇이 어머니를 그렇게 만든 걸까요? 어머니 자신이
버려진 아이였어요. 자기 자신과 나에 대한 아픔이 있는 어머니, 어머니
는 전 인류에 대해 화가 나 있었던 겁니다. 하지만 어머니와 나 사이에
는 평화가 이루어졌지요."

이원희